La poétique

ARISTOTE

1922

TABLE DES MATIERES

CHAPITRE PREMIER
CHAPITRE II
CHAPITRE III
CHAPITRE IV
CHAPITRE V
CHAPITRE VI
CHAPITRE VII
CHAPITRE VIII
CHAPITRE IX
CHAPITRE X
CHAPITRE XI
CHAPITRE XII
CHAPITRE XIII
CHAPITRE XIV
CHAPITRE XV
CHAPITRE XVI
CHAPITRE XVII
CHAPITRE XVIII
CHAPITRE XIX
CHAPITRE XX
CHAPITRE XXI
CHAPITRE XXII
CHAPITRE XXIII
CHAPITRE XXIV
CHAPITRE XXV
CHAPITRE XXVI

CHAPITRE PREMIER

La poésie consiste dans l'imitation. - Trois différences entre les imitations. - Différentes sortes de poésie, selon les moyens d'imitation.

I. Nous allons parler et de la poétique elle-même et de ses espèces ; dire quel est le rôle de chacune d'elles et comment on doit constituer les fables (01) pour que la poésie soit bonne ; puis quel est le nombre, quelle est la nature des parties qui la composent : nous traiterons pareillement des autres questions qui se rattachent au même art, et cela, en commençant d'abord par les premières dans l'ordre naturel.

II. L'épopée (02), 1a poésie tragique, la comédie, la poésie dithyrambique, l'aulétique, la citharistique, en majeure partie se trouvent être toutes, au résumé, des imitations. Seulement, elles diffèrent entre elles par trois points. Leurs éléments d'imitation sont autres ; autres les objets imités, autres enfin les procédés et la manière dont on imite. En effet, de même que certains imitent beaucoup de choses avec des couleurs et des gestes, les uns au moyen de l'art, d'autres par habitude, d'autres encore avec l'aide de la nature (seule) (03), de même, parmi les arts précités, tous produisent l'imitation au moyen du rythme, du langage et de l'harmonie (04), employés séparément ou mélangés.

III. Ainsi l'harmonie et le rythme sont mis seuls en usage dans l'aulétique, la citharistique et dans les autres arts qui ont un rôle analogue, tel que celui de la syrinx (05).

IV. Le rythme est l'unique élément d'imitation dans l'art des danseurs, abstraction faite de l'harmonie. En effet, c'est par des rythmes figurés (06) qu'ils imitent les mœurs, les passions et les actions.

V. L'épopée n'emploie que le langage pur et simple (07), ou les mètres, soit qu'elle mélange ceux-ci entre eux, ou qu'elle ne vienne à mettre en usage qu'un seul genre de métro, comme on l'a fait jusqu'à présent.

VI. Nous ne pourrions en effet donner une (autre) dénomination commune aux mimes de Sophron, à ceux de Xénarque (08), et aux discours socratiques, pas plus qu'aux œuvres d'imitation composées en trimètres, en vers élégiaques, ou en d'autres mètres analogues, à moins que, reliant la composition au mètre employé, l'on n'appelle les auteurs poètes élégiaques ou poètes épiques et qu'on ne leur donne ainsi la qualification de poètes, non pas d'après le genre d'imitation qu'ils traitent, mais, indistinctement, en raison du mètre (qu'ils adoptent). Il est vrai que les auteurs qui exposent en vers quelque point de médecine ou de physique reçoivent d'ordinaire cette qualification ; mais, entre Homère et Empédocle, il n'y a de commun que l'emploi du mètre. Aussi est-il juste d'appeler le premier un poète et le second un physicien, plutôt qu'un poète. Supposé, semblablement, qu'un auteur fasse une œuvre d'imitation en mélangeant divers mètres, comme Chérémon dans le Centaure (09), rapsodie où sont confondus des mètres de toute sorte, il ne faudrait pas moins lui donner le nom de poète. Telles sont les distinctions à établir en ces matières.

VII. Il y a des genres de poésie qui emploient tous les éléments nommés plus haut, savoir : le rythme, le chant et le mètre ; ce sont la poésie dithyrambique, celle des nomes (10), la tragédie et la comédie. Ces genres diffèrent en ce que les uns emploient ces trois choses à la fois, et les autres quelqu'une d'entre elles séparément.

VIII. Voilà pour les différences qui existent entre les arts, quant à la pratique de l'imitation.

CHAPITRE II

Différentes sortes de poésie, selon les objets imités

I. Comme ceux qui imitent des gens qui agissent et que ceux-ci seront nécessairement bons ou mauvais (presque toujours les mœurs se rattachent à ces deux seules qualités, et tous les hommes, en fait de mœurs, diffèrent par le vice et par la vertu), il s'ensuit nécessairement aussi que nous imitons des gens ou meilleurs qu'on ne l'est dans le monde, ou pires, ou de la même valeur morale. C'est ainsi que, parmi les peintres, Polygnote représentait des types meilleurs, Pauson de pires, et Denys des types semblables.

II. Seulement, il est évident que chacun des genres d'imitation comportera les mêmes différences et que, de plus, l'imitation sera autre, en ce sens qu'elle imitera d'autres choses de la même manière.

III. Ainsi, dans la danse, dans le jeu de la flûte, dans celui de la cithare, il est possible que ces dissemblances se produisent. De même dans le langage et dans la versification pure et simple (11). Par exemple, Homère (nous présente) des types meilleurs ; Cléophon de semblables ; Hégémon, celui qui le premier composa des parodies et Nicocharès, l'auteur de la Déliade, des types inférieurs à la réalité.

IV. De même encore, dans le dithyrambe et les nomes, on pourrait imiter comme le firent Argus, Timothée et Philoxène, dans les Cyclopes.

V. La même différence sépare la tragédie et la comédie. Celle-ci tend à imiter des êtres pires ; celle-là des êtres meilleurs que ceux de la réalité actuelle.

ARISTOTE

CHAPITRE III

Différentes sortes de poésie selon le manière d'imiter.

I. La troisième différence consiste dans la manière d'imiter chacun de ces êtres. En effet, il est possible d'imiter le même objet, dans les mêmes circonstances, tantôt sous forme de récit et en produisant quelque autre personnage, comme le fait Homère, ou bien le personnage restant le même, sans qu'on le fasse changer, ou encore de telle façon que les sujets d'imitation soient présentés agissant et accomplissant tout par eux-mêmes. L'imitation comporte donc les trois différences que voici, comme nous l'avons dit en commençant : les circonstances où elle a lieu, son objet, son procédé. Par l'une, Sophocle est un imitateur dans le même sens qu'Homère, car tous deux imitent des êtres meilleurs ; par la seconde, il l'est dans le même sens qu'Aristophane, car tous deux imitent en mettant leurs personnages en action.

II. De là le nom de drames (dr⍺mata), donné à leurs œuvres, parce qu'ils imitent en agissant (drÇntew). De là vient aussi que les Doriens revendiquent la tragédie et la comédie, les Mégariens, la comédie, ceux de ce pays alléguant que celle-ci est née sous le règne du gouvernement démocratique, et ceux de Sicile par la raison que le poète Épicharme était originaire de cette île et vivait bien avant Chionide et Magnès.

III. La comédie (12) est revendiquée aussi par ceux du Péloponnèse, qui se fondent sur un indice fourni par les noms ; car ils allèguent que chez eux village se dit kÅma, et chez les Athéniens dème ; de sorte que les comédiens sont appelés ainsi non pas du mot kvm⍺zein (railler), mais de ce que, repoussés avec mépris hors de la ville, ils errent dans les villages. Ils ajoutent que agir se dit chez eux drân, et chez les Athéniens prattein.

IV. Voilà pour le nombre et la nature des différences que comporte l'imitation.

CHAPITRE IV

Origine de la poésie, - Divisions primitives de la poésie. Epopée ; poésie ïambique (ou satirique). - Origine de la tragédie et de la comédie. - Premiers progrès de la tragédie.

I. Il y a deux causes, et deux causes naturelles, qui semblent, absolument parlant, donner naissance à la poésie.

II. Le fait d'imiter est inhérent à la nature humaine dès l'enfance; et ce qui fait différer l'homme d'avec les autres animaux, c'est qu'il en est le plus enclin à l'imitation : les premières connaissances qu'il acquiert, il les doit à l'imitation , et tout le monde goûte les imitations.

III. La preuve en est dans ce qui arrive à propos des œuvres artistiques; car les mêmes choses que nous voyons avec peine, nous nous plaisons à en contempler l'exacte représentation, telles, par exemple, que les formes des bêtes les plus viles et celles des cadavres.

IV. Cela tient à ce que le fait d'apprendre est tout ce qu'il y a de plus agréable non seulement pour les philosophes, mais encore tout autant pour les autres hommes ; seulement ceux-ci ne prennent qu'une faible part à cette jouissance.

V. Et en effet, si l'on se plaît à voir des représentations d'objets, c'est qu'il arrive que cette contemplation nous instruit et nous fait raisonner sur la nature de chaque chose, comme, par exemple, que tel homme est un tel ; d'autant plus que si, par aventure, on n'a pas prévu ce qui va survenir, ce ne sera pas la représentation qui produira le plaisir goûté, mais plutôt l'artifice ou la couleur, ou quelque autre considération.

VI. Comme le fait d'imiter, ainsi que l'harmonie et le rythme, sont dans notre nature (je ne parle pas des mètres qui sont, évidemment, des parties des rythmes), dès le principe, les hommes qui avaient le plus d'aptitude naturelle pour ces choses ont, par une lente progression, donné naissance à la poésie, en commençant par des improvisations.

VII. La poésie s'est partagée en diverses branches, suivant la nature morale propre à chaque poète. Ceux qui étaient plus graves imitaient les belles actions et celles des gens d'un beau caractère; ceux qui étaient plus vulgaires, les actions des hommes inférieurs, lançant sur eux le blâme comme les autres célébraient leurs héros par des hymnes et des éloges.

VIII. Des poètes antérieurs à Homère, il n'en est aucun dont nous puissions citer une composition dans le genre des siennes ; mais il dut y en avoir un grand nombre. A partir d'Homère, nous pouvons en citer ; tels, par exemple, son Margitès et d'autres poèmes analogues, parmi lesquels le mètre ïambiques prit aussi une place convenable ; et même on l'appelle aujourd'hui l'iambe parce que c'est dans ce mètre que l'on s'ïambisait mutuellement (que l'on échangeait des injures).

IX. Parmi les anciens, il y eut des poètes héroïques et des poètes ïambiques. Et, de même qu'Homère était principalement le poète des choses sérieuses (car il est unique non seulement comme ayant fait bien, mais aussi comme ayant produit des imitations propres au drame), de même il fut le premier à faire voir les formes de la comédie, en dramatisant non seulement le blâme, mais encore le ridicule ; en effet, le Margitès est aux comédies ce que l'Iliade et l'Odyssée sont aux tragédies.

X. Dès l'apparition de la tragédie et de la comédie, les poètes s'attachant à l'une ou à l'autre, suivant leur caractère propre, les uns, comme auteurs comiques remplacèrent les poètes ïambiques, et les autres, comme monteurs de tragédies, remplacèrent les poètes épiques, parce qu' il y a plus de grandeur et de dignité dans cette dernière forme que dans l'autre.

XI. Pour ce qui est d'examiner si la tragédie est, ou non, dès maintenant, en pleine possession de ses formes, à la juger en elle-même ou par rapport à la scène, c'est une question traitée ailleurs (13).

XII. Ainsi donc, improvisatrice à sa naissance, la tragédie, comme la comédie, celle-ci tirant son origine des poèmes dithyrambiques, celle-là des poèmes phalliques, qui conservent, encore aujourd'hui, une existence légale dans un grand nombre de cités, progressa peu à peu, par le développement qu'elle reçut autant qu'il était en elle.

XIII. Après avoir subi de nombreuses transformations (14), la tragédie y a mis un terme, puisqu'elle avait revêtu sa forme naturelle (15).

XIV. Vint ensuite Eschyle qui, le premier, porta le nombre des acteurs de un à deux, amoindrit la fonction du chœur et donna le premier rôle au discours parlé. Sophocle institua trois acteurs et la mise en scène.

XV. Quant à l'importance de la tragédie, partie de fables légères et d'un langage plaisant ; vu le caractère satirique de son origine, elle mit du temps à prendre de la gravité, et son mètre, de tétramètre, devint ïambique ; car, primitivement, on employait le tétramètre, attendu que cette forme poétique est celle de la satire et plus propre à la danse. Puis, lorsque vint le langage parlé (16), la nature trouva elle-même le mètre qui lui convenait ; car le mètre le plus apte au langage, c'est l'ïambe ; et la preuve, c'est que, dans la conversation, nous frisons très souvent des ïambes, des hexamètres rarement et seulement lorsque l'on quitte le ton de la conversation.

XVI. Puis on parle encore de quantité d'épisodes et des autres accessoires destinés à orner chaque partie. Ainsi donc voilà tout ce que nous avions à dire là-dessus, car ce serait assurément une grande affaire que de nous arrêter à chaque détail en particulier.

CHAPITRE V

Définition de la comédie; ses premiers progrès. - Comparaison de la tragédie et de l'épopée.

1. La comédie, nous l'avons dit déjà, est une imitation de ce qui est plus mauvais (que la réalité), et non pas en tout genre de vice, mais plutôt une imitation de ce qui est laid, dont une partie est le ridicule. En effet, le ridicule a pour cause une faute et une laideur non accompagnées de souffrance et non pernicieuses : par exemple, on rit tout d'abord à la vue d'un visage laid et déformé, sans que celui qui le porte en soutire.

II. Les transformations de la tragédie, ainsi que leurs auteurs, ne sont pas restées ignorées; mais celles de la comédie le sont, parce qu'on n'y a pas prêté d'attention dans le principe. En effet, ce n'est que tardivement que l'archonte (17) régla le chœur des comédiens. On le formait (d'abord) à volonté.

III. Depuis le moment où la comédie affecta certaines formes (18), on cite un petit nombre de poètes en ce genre.

IV. Qui est-ce qui introduisit les masques, ou les prologues, ou la, pluralité des acteurs, etc., on l'ignore.

V. La composition des fables eut pour premiers auteurs Épicharme et Phormis.

VI. A l'origine la comédie vint de Sicile. A Athènes, ce fut Cratès qui, le premier, rejetant le poème ïambique (19), commença à composer des sujets ou des fables sur une donnée générale.

VII. L'épopée marche avec la tragédie jusqu'au mètre (exclusivement), comme imitation des gens graves produite par le discours ; mais elle s'en sépare d'abord en ce qu'elle a un mètre simple (20) et que c'est une narration, puis par l'étendue, car la tragédie s'applique, autant que possible, à rester dans une seule révolution solaire, ou à ne la dépasser que de peu de chose, tandis que l'épopée n'est pas limitée par le temps, ce qui fait une nouvelle différence. Toutefois, dans le principe, on faisait pour les tragédies comme pour les poèmes épiques.

VIII. Des parties qui les composent, les unes leur sont communes, les autres sont propres à la tragédie. Aussi, lorsque l'on sait ce qui fait qu'une tragédie est bonne ou mauvaise, on en sait autant en ce qui concerne les poèmes épiques ; car les éléments que comporte l'épopée existent dans la tragédie ; mais ceux que renferme celle-ci ne se rencontrent pas tous dans l'épopée.

CHAPITRE VI

Définition de la tragédie. - Détermination des parties dont elle se compose. - Importance relative de ces parties.

I. Nous parlerons plus tard de l'art d'imiter en hexamètres (21) et de la comédie (22), et nous allons parler de la tragédie en dégageant de ce qui précède la définition de son essence.

II. La tragédie est l'imitation d'une action grave et complète, ayant une certaine étendue, présentée dans un langage rendu agréable et de telle sorte que chacune des parties qui la composent subsiste séparément, se développant avec des personnages qui agissent, et non au moyen d'une narration, et opérant par la pitié et la terreur la purgation des passions de la même nature (23).

III. J'entends par "langage rendu agréable" celui qui réunit le rythme, l'harmonie et le chant, et par les mots "que chaque partie subsiste séparément" j'entends que quelques-unes d'entre elles sont réglées seulement au moyen des mètres, et d'autres, à leur tour, par la mélodie.

IV. Mais, comme c'est en agissant que (les poètes tragiques) produisent l'imitation , il en résulterait nécessairement que l'ordonnance du spectacle offert est la première partie de la tragédie ; vient ensuite la mélopée et, enfin, le langage parlé, car tels sont les éléments qui servent à produire l'imitation (24).

V. J'entends par "langage parlé" la composition des mètres, et par "mélopée" une chose qui possède en soi une valeur évidente pour tout le monde (25).

VI. Maintenant, comme l'imitation a pour objet une action et qu'une action a pour auteurs des gens qui agissent, lesquels ont nécessairement telle ou telle qualité, quant au caractère moral et quant à la pensée (car c'est ce qui nous fait dire que les actions ont tel ou tel caractère), il s'ensuit naturellement que deux causes déterminent les actions, savoir : le caractère moral et la pensée ; et c'est d'après ces actions que tout le monde atteint le but proposé, ou ne l'atteint pas.

VII. Or l'imitation d'une action, c'est une fable (26) ; j'entends ici par "fable" la composition des faits, et par "caractères moraux" (ou mœurs) ceux qui nous font dire que ceux qui agissent ont telle ou telle qualité ; par "pensée", tout ce qui, dans les paroles qu'on prononce, sert à faire une démonstration ou à exprimer une opinion.

VIII. Il s'ensuit donc, nécessairement, que toute tragédie se compose de six parties qui déterminent son caractère ; ce sont: la fable, les mœurs, le langage, la pensée, l'appareil scénique et la mélopée.

IX. Deux de ces parties concernent les moyens que l'on a d'imiter ; une, la manière dont on imite ; trois, les objets de l'imitation ; puis c'est tout.

X. Un grand nombre d'entre eux (27) ont employé ces formes ; et, en effet, tout (poème tragique) comporte en soi de la même façon un appareil scénique, un caractère moral, une fable, un langage, un chant et une pensée.

XI. Le point le plus important, c'est la constitution des faits, car la tragédie est une imitation non des hommes, mais des actions, de la vie, du bonheur et du malheur ; et en effet, le bonheur, le malheur, réside dans une action, et la fin est une action, non une qualité.

XII. C'est par rapport aux mœurs que les hommes ont telle ou telle dualité, mais c'est par rapport aux actions qu'ils sont heureux ou malheureux. Aussi ce n'est pas dans le but d'imiter les mœurs que (les poètes tragiques) agissent, mais ils montrent implicitement les mœurs de leurs personnages au moyen des actions; de sorte que ce sont les faits et la fable qui constituent la fin de la tragédie ; or la fin est tout ce qu'il y a de plus important.

XIII. Je dirai plus : sans action, il n'y aurait pas de tragédie, tandis que, sans les mœurs, elle pourrait exister ; et en effet, chez la plupart des modernes, les tragédies n'ont pas de place pour les mœurs (28), et, absolument parlant, beaucoup de poètes sont dans ce cas (29). Ainsi ; chez les peintres, c'est ce qui arrive à Zeuxis comparé à Polygnote. Polygnote est un bon peintre de mœurs, tandis que la peinture de Zeuxis n'a aucun caractère moral.

XIV. Ce n'est pas tout : si l'on débitait une suite de tirades morales et des discours ou des sentences bien travaillées, ce ne serait pas là ce que nous disions tout à l'heure constituer une œuvre tragique ; on le ferait beaucoup mieux en composant une tragédie où ces éléments seraient moins abondants, mais qui posséderait une fable et une constitution de faits.

XV. Il en est de même (30) dans les arts du dessin ; car, si l'on étalait pêle-mêle les plus riches couleurs, on ne ferait pas autant plaisir qu'en traçant une figure déterminée au crayon.

XVI. Ajoutons que les parties de la fable les plus propres à faire que la tragédie entraîne les âmes, ce sont les péripéties et les reconnaissances.

XVII. Une autre preuve encore, c'est que ceux qui abordent la composition dramatique peuvent arriver à une grande habileté sous le rapport du style et des mœurs, avant de savoir constituer les faits. Au surplus, c'est ce qui est arrivé à presque tous les premiers poètes.

XVIII. Ainsi donc le principe, et comme l'âme de la tragédie, c'est la fable. Les mœurs viennent en second lieu ; car l'imitation (31) est l'imitation d'une action et, à cause de cette action, l'imitation de gens qui agissent.

XIX. Puis, en troisième lieu, la pensée, c'est-à-dire la faculté de dire avec convenance ce qui est dans le sujet et ce qui s'y rapporte, partie qui, en fait d'éloquence, est l'affaire de la politique et de la rhétorique. En effet, les personnages que les anciens mettaient en scène parlaient un langage politique, et ceux d'aujourd'hui parlent un langage oratoire.

XX. Le caractère moral, c'est ce qui est de nature à faire paraître le dessein. Voilà pourquoi il n'y a pas de caractère moral dans ceux des discours où ne se manifeste pas le parti que l'on adopte ou repousse, ni dans ceux qui ne renferment absolument rien comme parti adopté ou repoussé par celui qui parle. La pensée, c'est ce qui sert à démontrer qu'une chose existe ou qu'elle n'existe pas, ou, généralement, à énoncer une affirmation.

XXI. En quatrième lieu vient la diction : or j'appelle "diction" comme on l'a dit précédemment (32), l'élocution obtenue au moyen de la dénomination, ce qui est d'une même valeur, soit qu'il s'agisse de paroles versifiées, ou de discours en prose.

XXII. En cinquième lieu vient la mélopée, partie la plus importante au point de vue du plaisir à produire.

Quant à l'appareil scénique, c'est une partie qui, certes, entraîne les âmes, mais elle est indépendante de l'art et n'appartient en aucune façon à la poétique ; car la tragédie subsiste indépendamment de l'exécution théâtrale et des acteurs, et ce qui est essentiel pour la confection de l'appareil scénique, c'est plutôt l'art du costumier que celui du poète.

CHAPITRE VII

De l'étendue de l'action.

1. Tout cela une fois défini; nous avons à dire maintenant quelle doit être la constitution des faits, puisque c'est la première partie et la plus importante de la tragédie.

II. Il est établi par nous que la tragédie est l'imitation d'une action parfaite et entière, ayant une certaine étendue. Or il existe telle chose qui est entière, sans avoir aucune étendue.

III. Une chose parfaite (33) est celle qui a un commencement, un milieu et une fin. Le commencement est ce qui ne vient pas nécessairement après autre chose, mais est tel que, après cela, il est naturel qu'autre chose existe ou se produise ; la fin, c'est cela même qui, au contraire, vient après autre chose par une succession naturelle, ou nécessaire, ou ordinaire, et qui est tel qu'il n'y a plus rien après ; le milieu, c'est cela même qui vient après autre chose, lorsqu'il y a encore autre chose après.

IV. Il ne faut donc, pour que les fables soient bien constituées, ni qu'elles commencent avec n'importe quel point de départ, ni qu'elles finissent n'importe où, mais qu'elles fassent usage des formes précitées.

V. De plus, comme le beau, que ce soit un être animé ou un fait quelconque, se compose de certains éléments, il faut non seulement que ces éléments soient mis en ordre, mais encore qu'ils ne comportent pas n'importe quelle étendue ; car le beau suppose certaines conditions d'étendue et d'ordonnance. Aussi un animal ne serait pas beau s'il était tout à fait petit, parce que la vue est confuse lorsqu'elle s'exerce dans un temps presque inappréciable ; pas davantage s'il était énormément grand, car, dans ce cas, la vue ne peut embrasser l'ensemble, et la perception de l'un et du tout échappe à notre vue. C'est ce qui arriverait, par exemple, en présence d'un animal d'une grandeur de dix mille stades.

VI. Ainsi donc, de même que, pour les corps et pour les êtres animés, il faut tenir compte de l'étendue et la rendre facile à saisir, de même, pour les fables, il faut tenir compte de la longueur et la rendre facile à retenir.

VII. Quant à la délimitation de la longueur, elle a pour mesure la durée des représentations, et c'est une affaire d'appréciation qui n'est pas du ressort de l'art ; en effet, s'il fallait représenter cent tragédies, on les représenterait à la clepsydre, comme on l'a fait, dit-on, en d'autres temps.

VIII. C'est la nature elle-même qui règle cette délimitation ; et à vrai dire, plus une tragédie est longue, tant qu'elle reste claire d'un bout à l'autre, plus elle est belle dans son étendue.

IX. Du reste, pour donner une détermination absolue, je dirai que, si c'est dans une étendue conforme à la vraisemblance ou à la nécessité que l'action se pour suit et qu'il arrive successivement des événements malheureux, puis heureux, ou heureux puis malheureux, il y a juste délimitation de l'étendue.

CHAPITRE VIII

De l'unité de l'action.

I. Ce qui fait que la fable est une, ce n'est pas, comme le croient quelques-uns, qu'elle se rapporte à un seul personnage, car il peut arriver à un seul une infinité d'aventures dont l'ensemble, dans quelques parties, ne constituerait nullement l'unité; de même, les actions d'un seul peuvent être en grand nombre sans qu'il en résulte aucunement unité d'action.

II. Aussi paraissent-ils avoir fait fausse route tous les poètes qui ont composé l'Héracléide, la Théséide et autres poèmes analogues ; car ils croient qu'Hercule, par exemple, étant le seul héros, la fable doit être une .

III. Homère, entre autres traits qui le distinguent des autres poètes, a celui-ci, qu'il a bien compris cela, soit par sa connaissance de l'art, soit par un génie naturel. En composant l'Odyssée, il n'a pas mis dans son poème tous les événements arrivés à Ulysse, tels, par exemple, que les blessures reçues par lui sur le Parnasse, ou sa simulation de la folie au moment de la réunion de l'armée. De ces deux faits, l'accomplissement de l'un n'était pas une conséquence nécessaire, ou même probable de l'autre ; mais il constitua l'Odyssée en vue de ce que nous appelons l'« unité d'action ». Il fit de même pour l'Iliade.

IV. Il faut donc que, de même que dans les autres arts imitatifs, l'imitation d'un seul objet est une, de la même manière la fable, puisqu'elle est l'imitation d'une action, soit celle d'une action une et entière, et que l'on constitue les parties des faits de telle sorte que le déplacement de quelque partie, ou sa suppression, entraîne une modification et un changement dans l'ensemble ; car ce qu'on ajoute ou ce qu'on retranche, sans laisser une trace sensible, n'est pas une partie (intégrante) de cet ensemble.

CHAPITRE IX

Comparaison de l'histoire et de la poésie. - De l'élément historique dans le drame. - Abus des épisodes dons le drame. De la péripétie (34), considérée comme moyen dramatique.

I. Il est évident, d'après ce qui précède, que l'affaire du poète, ce n'est pas de parler de ce qui est arrivé, mais bien de ce qui aurait pu arriver et des choses possibles, selon la vraisemblance ou la nécessité.

II. En effet, la différence entre l'historien et le poète ne consiste pas en ce que l'un écrit en vers, et l'autre en prose. Quand l'ouvrage d'Hérodote serait écrit en vers, ce n'en serait pas moins une histoire, indépendamment de la question de vers ou de prose. Cette différence consiste en ce que l'un parle de ce qui est arrivé, et l'autre de ce qui aurait pu arriver.

III. Aussi la poésie est quelque chose de plus philosophique et de plus élevé que l'histoire ; car la poésie parle plutôt de généralités, et l'histoire de détails particuliers.

IV. Les généralités, ce sont les choses qu'il arrive à tel personnage de dire ou de faire dans une condition donnée, selon la vraisemblance ou la nécessité, et c'est à quoi réussit la poésie, en imposant des noms propres. Le détail particulier c'est, par exemple, ce qu'a fait Alcibiade ou ce qui lui a été fait.

V. On a déjà vu procéder ainsi pour la comédie. Après avoir constitué une fable d'après les vraisemblances, les poètes comiques imposent, de la même manière, n'importe quels noms, mais non pas, à la façon dont s'y prennent les ïambographes, pour composer sur des faits personnels.

VI. Pour la tragédie, les poètes s'emparent des noms de personnages qui ont existé. La raison en est que ce qui est possible est probable ; or, ce qui n'est pas arrivé, nous ne croyons pas encore que ce soit possible ; mais ce qui est arrivé, il est évident que c'est possible, car ce ne serait pas arrivé si c'était impossible (35).

VII. Néanmoins, dans quelques tragédies, il y a un ou deux noms connus, et les autres sont fictifs ; dans quelques autres, il n'y en a pas un seul de connu, par exemple dans la Fleur, d'Agathon (36) ; car, faits et noms, tout y est imaginaire, ce qui n'empêche pas que cette pièce fait plaisir.

VIII. Ainsi donc il ne faut pas affecter de s'en tenir de tout point aux fables traditionnelles sur lesquelles il existe déjà des tragédies. Cette affectation serait ridicule, car les sujets connus ne le sont que d'un petit nombre et, cependant, font plaisir à tout le monde.

IX. Il est évident, d'après cela, que le poète doit être nécessairement un faiseur de fables plutôt qu'un faiseur de vers, d'autant qu'il est poète par l'imitation : or il imite des actions ; donc, lors même qu'il lui arrive de composer sur des faits qui sont arrivés, il n'en sera pas moins un poète, car rien n'empêche que quelques-uns des faits arrivés soient de telle nature qu'il serait vraisemblable qu'ils fussent arrivés ou possible qu'ils arrivent, et, dans de telles conditions, le poète est bien le créateur de ces faits (37).

X. Parmi les fables et les actions simples, les plus mauvaises sont les épisodiques (38) ; or j'entends par « fable épisodique» celle où la succession des épisodes ne serait conforme ni à la vraisemblance, ni à la nécessité. Des actions de cette nature sont conçues par les mauvais poètes en raison de leur propre goût, et, par les bons, pour condescendre à celui des acteurs. En effet, composant des pièces destinées aux concours, développant le sujet au delà de l'étendue possible, ils sont forcés de rompre la suite de l'action.

XI. Mais comme l'imitation, dans la tragédie, ne porte pas seulement sur une action parfaite, mais encore sur des faits qui excitent la terreur et la pitié, et que ces sentiments naissent surtout lorsque les faits arrivent contre toute attente, et mieux encore (39) lorsqu'ils sont amenés les uns par les autres, car, de cette façon, la surprise est plus vive que s'ils surviennent à l'improviste et par hasard, attendu que, parmi les choses fortuites, celle-là semblent les plus surprenantes qui paraissent produites comme à dessein (ainsi, par exemple, la statue de Mutys, à Argos, tua celui qui avait causé la mort de Mitys en tombant sur lui pendant qu'il la regardait, car il semblait que cet événement n'était pas un pur effet du hasard), il s'ensuit nécessairement que les fables conçues dans cet esprit sont les plus belles.

CHAPITRE X

De l'action simple et de l'action complexe.

I. Parmi les fables, les unes sont simples et les autres complexes ; et, en effet, les actions, dont les fables sont des imitations, se trouvent précisément avoir (l'un ou l'autre de) ces caractères.

II. Or j'appelle « action simple» celle qui, dans sa marche une et continue, telle qu'on l'a définie, se déroule sans péripétie ou sans reconnaissance; et « action complexe» celle qui se déroule avec reconnaissance ou avec péripétie, ou encore avec l'une et l'autre.

III. Il faut nécessairement que ces effets soient puisés dans la constitution même de la fable, de façon qu'ils viennent à se produire comme une conséquence vraisemblable ou nécessaire des événements antérieurs ; car il y a une grande différence entre un fait produit à cause de tel autre fait, et un fait produit après tel autre (40).

CHAPITRE XI

Éléments de l'action complexe : péripétie, reconnaissance, événement pathétique.

I. La péripétie est un changement en sens contraire dans les faits qui s'accomplissent, comme nous l'avons dit précédemment (41), et nous ajouterons ici "selon la vraisemblance ou la nécessité."

II. C'est ainsi que, dans Oedipe (42) un personnage vient avec la pensée de faire plaisir à Oedipe et de dissiper sa perplexité à l'endroit de sa mère ; puis, quand il lui a fait connaître qui il est, produit l'effet contraire. De même dans Lyncée (43), où un personnage est amené comme destiné à la mort, tandis que Danaüs survient comme devant le faire mourir, et où il arrive, par suite des événements accomplis, que celui-ci meurt et que l'autre est sauvé.

III. Là reconnaissance, c'est, comme son nom l'indique, le passage de l'état d'ignorance à la connaissance, ou bien à un sentiment d'amitié ou de haine entre personnages désignés pour avoir du bonheur ou du malheur.

IV. La plus belle reconnaissance, c'est lorsque les péripéties se produisent simultanément, ce qui arrive dans Oedipe (44).

V. Il y a encore d'autres sortes de reconnaissances. Ainsi, telle circonstance peut survenir, comme on l'a dit, par rapport à des objets inanimés ou à des faits accidentels ; et il peut y avoir reconnaissance selon que tel personnage a ou n'a pas agi ; mais celle qui se rattache principalement à la fable, ou celle qui a trait surtout à l'action, c'est la reconnaissance dont nous avons parlé.

VI. En effet, c'est cette sorte de reconnaissance et de péripétie qui excitera la pitié ou la terreur, sentiments inhérents aux actions dont l'imitation constitue la tragédie.

VII. De plus, le fait d'être malheureux ou heureux se produira sur des données de cette nature.

VIII. Maintenant, comme la reconnaissance est celle de certains personnages, il y en a une qui consiste en ce que l'un des deux seulement est reconnu, lorsque l'autre sait qui il est ; d'autres fois, la reconnaissance est nécessairement réciproque. Par exemple, Iphigénie est reconnue d'Oreste, par suite de l'envoi de la lettre (45) ; mais, pour que celui-ci le soit d'Iphigénie, il aura fallu encore une autre reconnaissance (46).

IX. Il y a donc, à cet égard, deux parties dans la fable : la péripétie et la reconnaissance. Une troisième partie, c'est l'événement pathétique (47).

X. Quant à la péripétie et à la reconnaissance, nous en avons parle. L'événement pathétique, c'est une action destructive ou douloureuse; par exemple, les morts qui out lieu manifestement, les souffrances, les blessures et toutes les autres choses de ce genre (48)...

CHAPITRE XII

Divisions de la tragédie.

I. Pour ce qui est de la qualité des formes que doivent employer les parties de la tragédie (49), nous en avons parlé précédemment. Maintenant, en ce qui concerne leur quantité et leurs divisions spéciales, on distingue les suivantes : le prologue, l'épisode, le dénouement, la partie chorique et, dans cette partie. l'entrée (πϵrodow) et la station.

II. Ces éléments sont communs à toutes (les tragédies). Les éléments particuliers sont ceux qui dépendent de la scène (50) et les lamentations (kommoÛ) (51).

III. Le prologue est une partie complète en elle-même de la tragédie, qui se place avant l'entrée du chœur.

IV. L'épisode est une partie complète en elle-même de la tragédie, placée entre les chants complets du chœur.

V. Le dénouement est une partie complète en elle-même après laquelle il n'y a plus de chant du chœur.

VI. Dans la partie chorique, l'entrée est ce qui est dit en premier par le chœur entier; et la station, le chant du chœur, exécuté sans anapeste et sans trochée.

VII. Le commos est une lamentation commune au chœur et aux acteurs en scène.

VIII. Nous avons parlé précédemment des parties de la tragédie qu'il faut employer, et nous venons de les considérer sous le rapport de leur quantité et de leurs divisions (52).

CHAPITRE XIII

Des qualités de la fable par rapport aux personnes - Du dénouement.

I. Quel doit être le but de ceux qui constituent des fables ; sur quoi doit porter leur attention ; à quelles conditions la tragédie remplit-elle sa fonction, voilà ce que nous avons à dire après les explications données jusqu'ici.

II. Comme la composition d'une tragédie, pour que celle-ci soit des plus belles, ne doit pas être simple, mais complexe et susceptible d'imiter les choses qui excitent la terreur et la pitié (c'est là le caractère propre de ce genre d'imitation), il est évident, d'abord, qu'il ne faut pas que les gens de bien passent du bonheur au malheur (ce qui n'excite ni la pitié, ni la crainte, mais nous fait horreur) ; il ne faut pas, non plus, que les méchants passent du malheur au bonheur, ce qui est tort à fait éloigné de l'effet tragique, car il n'y a rien là de ce qu'elle exige : ni sentiments d'humanité, ni motif de pitié ou de terreur. Il ne faut pas, par contre, que l'homme très pervers tombe du bonheur dans le malheur, car une telle situation donnerait cours aux sentiments d'humanité, mais non pas à la pitié, ni à la terreur. En effet, l'une surgit en présence d'un malheureux qui l'est injustement, l'autre, en présence d'un malheureux d'une condition semblable à la nôtre (53). Ce cas n'a donc rien qui fasse naître la pitié, ni la terreur.

III. Reste la situation intermédiaire ; c'est celle d'un homme qui n'a rien de supérieur par son mérite ou ses sentiments de justice, et qui ne doit pas à sa perversité et à ses mauvais penchants le malheur qui le frappe, mais plutôt à une certaine erreur qu'il commet pendant qu'il est en pleine gloire et en pleine prospérité ; tels, par exemple, Oedipe, Thyeste et d'autres personnages célèbres, issus de familles du même rang.

IV. Il faut donc que la fable, pour être bien composée, soit simple et non pas double, ainsi que le prétendent quelques-uns ; et qu'elle passe non pas du malheur au bonheur, mais, au contraire, du bonheur au malheur ; et cela non pas à cause de la perversité, mais par suite de la grave erreur d'un personnage tel que nous l'avons décrit, ou d'un meilleur plutôt que d'un pire.

V. Voici un fait qui le prouve. A l'origine, les poètes racontaient n'importe quelles fables ; mais, aujourd'hui, les meilleures tragédies roulent sur des sujets empruntés à l'histoire d'un petit nombre de familles, comme, par exemple, sur Alcméon, Oedipe, Oreste, Méléagre, Thyeste, Télèphe et tous autres personnages qui ont fait ou éprouvé des choses terribles.

VI. Tel sera donc le mode de constitution de la tragédie la meilleure, selon les règles de l'art. Aussi est-ce un tort (54) que de critiquer Euripide sur ce qu'il procède ainsi dans ses tragédies et de ce que beaucoup d'entre elles ont un dénouement malheureux. Cela, comme on l'a dit, est correct, et la meilleure preuve, c'est que, dans les concours et à la scène, ces sortes de pièces sont celles que l'on trouve les plus tragiques quand elles sont bien menées. Euripide, si, à d'autres égards, l'économie de ses pièces laisse à désirer, est au moins le plus tragique des poètes.

VII. La seconde espèce, mise au premier rang par quelques-uns, est celle qui a une constitution double, comme l'Odyssée, et qui présente une fin opposée et pour les bons et pour les méchants.

VIII. Elle paraît occuper le premier rang, à cause de la faiblesse d'esprit des spectateurs ; car les poètes s'abandonnent, dans leurs créations, au goût et au désir de leurs spectateurs.

IX. Du reste, ce n'est pas là l'intérêt que l'on puise dans la tragédie ; c'est plutôt celui qui appartient à la comédie. Là, en effet, des personnages donnés par la fable comme les plus grands ennemis, tels qu'Oreste et Égisthe, en arrivent à être amis sur la fin de la pièce, et personne ne donne ni ne reçoit la mort.

CHAPITRE XIV

De l'événement pathétique dans la fable. - Pourquoi la plupart des sujets tragiques sont fournis par l'histoire.

I. Les effets de terreur et de pitié peuvent être inhérents au jeu scénique ; mais ils peuvent aussi prendre leur source dans la constitution même des faits, ce qui vaut mieux et est l'œuvre d'un poète plus fort.

II. En effet, il faut, sans frapper la vue, constituer la fable de telle façon que, au récit des faits qui s'accomplissent, l'auditeur soit saisi de terreur ou de pitié par suite des événements; c'est ce que l'on éprouvera en écoutant la fable d'Oedipe.

III. La recherche de cet effet au moyen de la vue est moins artistique et entraînera de plus grands frais de mise en scène.

IV. Quant à produire non des effets terribles au moyen de la vue, mais seulement des effets prodigieux, cela n'a plus rien de commun avec la tragédie, car il ne faut pas chercher, dans la tragédies, à provoquer un intérêt quelconque, mais celui qui lui appartient en propre.

V. Comme le poète (tragique) doit exciter, au moyen de l'imitation, un intérêt puisé dans la pitié ou la terreur, il est évident que ce sont les faits qu'il doit mettre en œuvre.

VI. Voyons donc quelle sorte d'événements excitera la terreur ou la pitié.

VII. De telles actions seront nécessairement accomplies ou par des personnages amis entre eux, ou par des ennemis, ou par des indifférents.

VIII. Un ennemi qui tue son ennemi, ni par son action elle-même, ni à la veille de la commettre, ne fait rien paraître qui excite la pitié, à part l'effet produit par l'acte en lui-même. Il en est ainsi de personnages indifférents entre eux).

IX. Mais que les événements se passent entre personnes amies ; que, par exemple, un frère donne ou soit sur le point de donner la mort à son frère, une mère à son fils, un fils à sa mère, ou qu'ils accomplissent quelque action analogue, voilà ce qu'il faut chercher.

X. Il n'est pas permis de dénaturer les fables acceptées ; je veux dire, par exemple, Clytemnestre mourant sous les coups d'Oreste, Eriphyle sous ceux d'Alcméon.

XI. Il faut prendre la fable telle qu'on la trouve et faire un bon emploi de la tradition. Or, ce que nous entendons par "bon emploi", nous allons le dire plus clairement.

XII. Il est possible que l'action soit accomplie dans les conditions où les anciens la représentaient, par des personnages qui sachent et connaissent (55) ; c'est ainsi qu'Euripide a représenté Médée faisant mourir ses enfants.

XIII. Il est possible aussi que l'action ait lieu, mais sans que ses auteurs sachent qu'elle est terrible, puisque, plus tard, ils reconnaissent le rapport d'amitié existant, comme l'Oedipe de Sophocle. Cela se passe tantôt en dehors de l'action dramatique, tantôt dans la tragédie elle-même, comme, par exemple, l'Alcméon d'Astydamas, ou le Télégone de la Blessure d'Ulysse.

XIV. Il peut exister une troisième situation, c'est lorsque celui qui va faire une action irréparable. par ignorance, reconnaît ce qu'il en est avant de l'accomplir.

XV. Après cela, il n'y a plus de combinaison possible ; car, nécessairement, l'action a lieu ou n'a pas lieu, et le personnage agit avec ou sans connaissance.

XVI. Qu'un personnage au courant de la situation soit sur le point d'agir et n'agisse point, c'est tout ce qu'il y a de plus mauvais, car cette situation est horrible sans être tragique, attendu qu'elle manque de pathétique. Aussi personne ne met en œuvre une donnée semblable, sauf en des cas peu nombreux. Tel, par exemple, Hémon voulant tuer Créon (56), dans Antigone.

XVII. Vient en second lieu l'accomplissement de l'acte ; mais il est préférable qu'il soit accompli par un personnage non instruit de la situation et qui la reconnaisse après l'avoir fait ; car l'horrible ne s'y ajoute pas et la reconnaissance est de nature à frapper le spectateur.

XVIII. Le plus fort, c'est le dernier cas, j'entends celui, par exemple, où, dans Cresphonte, Mérope va pour tuer son fils et ne le tue pas, mais le reconnaît ; où, dans Iphigénie, la sœur, sur le point de frapper son frère, le reconnaît, et, dans Bellé, le fils au moment de livrer sa mère.

XIX. Voilà pourquoi les tragédies, comme on l'a dit depuis longtemps (57), prennent leurs sujets dans un petit nombre de familles. Les poètes, cherchant non pas dans l'art, mais dans les événements fortuits, ont trouvé dans les fables ce genre de sujet à traiter ; ils sont donc mis dans la nécessité de s'adresser aux familles dans lesquelles ces événements se sont produits.

XX. On s'est expliqué suffisamment sur la constitution des faits et sur les qualités que doivent avoir les fables.

CHAPITRE XV

Des mœurs dans la tragédie. - De ce qu'il convient de mettre sur la scène. - De l'art d'embellir les caractères.

I. En ce qui concerne les mœurs (58), il y a quatre points auxquels on doit tendre ; l'un, le premier, c'est qu'elles soient bonnes.

II. Le personnage aura des mœurs si, comme on l'a dit (59), la parole ou l'action fait révéler un dessein ; de bonnes mœurs, si le dessein révélé est bon.

III. Chaque classe de personnes a son genre da bonté il y a celle de la femme, celle de l'esclave, bien que le caractère moral de l'une soit peut-être moins bon, et celui de l'autre absolument mauvais (60).

IV. Le second point, c'est que (les mœurs) soient en rapport de convenance (avec le personnage). Ainsi la bravoure (61) est un trait de caractère, mais il ne convient pas à un rôle de femme d'être brave ou terrible.

V. Le troisième point, c'est la ressemblance. Car c'est autre chose que de représenter un caractère honnête et (un caractère) en rapport de convenance (avec le personnage), comme on l'a dit.

VI. Le quatrième, c'est l'égalité. Et en effet, le personnage qui présente une imitation et qui suppose un tel caractère, lors même qu'il serait inégal, devra être également inégal.

VII Un exemple de perversité morale non nécessaire (62) c'est le Ménélas d'Oreste ; de caractère dépourvu de décence et convenance, la lamentation d'Ulysse, dans Scylla (63), et le discours de Mélanippe (64) ; de rôle inégal, Iphigénie à Aulis (65) ; car, dans les scènes où elle est suppliante, elle ne ressemble en rien à ce qu'elle se montre plus tard.

VIII. Or il faut, dans les mœurs comme dans la constitution des faits, toujours rechercher ou le nécessaire, ou la vraisemblance, de manière que tel personnage parle ou agisse conformément à la nécessité ou à la vraisemblance, et qu'il y ait nécessité ou vraisemblance dans la succession des événements.

IX. Il est donc évident que le dénouement des fables doit survenir par le moyen de la fable elle-même et non pas, comme dans Médée, par une machine (66) et comme, dans l'Iliade, ce qui concerne le rembarquement (67). Mais il faut se servir de machine pour ce qui est en dehors du drame, pour tout ce qui le précède et que l'homme ne peut connaître, ou pour tout ce qui doit venir ensuite et qui a besoin d'être prédit et annoncé; car nous attribuons aux dieux la faculté de voir toutes choses et (pensons) qu'il n'y a rien d'inexplicable dans les faits; autrement, ce sera en dehors de la tragédie, comme, par exemple, ce qui arrive dans l'Oedipe de Sophocle (68).

X. Mais, comme la tragédie est une imitation de choses meilleures (que nature), nous devons, nous autres (69), imiter les bons portraitistes. Ceux-ci, tout en reproduisant une forme particulière, tout en observant la ressemblance avec l'original, l'embellissent par le dessin. Le poète, de même qu'il représente des gens colères ou calmes et de ou tel autre caractère, doit former un modèle ou d'honnêteté ou de rudesse, comme le personnage d'Achille, chez Agathon et chez Homère.

XI. Il faut observer avec attention ces divers points et, en outre, ce qui s'adresse aux sens dans leurs rapports nécessaires avec la poésie , car on peut faire souvent des fautes à cet égard ; mais nous nous sommes suffisamment expliqué là-dessus dans les livres précédemment publiés (70).

CHAPITRE XVI

Des quatre formes de la reconnaissance.

I. En quoi consiste la reconnaissance. on fa dit plus haut. Quant aux formes de la reconnaissance, la première et celle qui emprunte le moins à l'art et qu'on emploie le plus souvent, faute de mieux, c'est la reconnaissance amenée par des signes.

II. Parmi les signes, les uns sont naturels, comme la lance que portent (sur le corps) les hommes nés de la terre (71), ou les étoiles que fait figurer Carcinus dans Thyeste. Les autres sont acquis et, parmi ces derniers, les uns sont appliqués sur le corps, comme, par exemple, les cicatrices; d'autres sont distincts du corps, ainsi les colliers, ou encore, comme dans Tyro (72),une petite barque (73).

III. On peut faire un usage plus ou moins approprié de ces signes. Ainsi Ulysse, par le moyen de sa cicatrice, est reconnu d'une façon par sa nourrice, et d'une autre par les porchers.

IV. En effet, les reconnaissances obtenues à titre de preuve et toutes celles de cet ordre sont moins du ressort de l'art ; mais celles qui naissent d'une péripétie (74) comme la reconnaissance qui a lieu dans la scène du bain (75), sont préférables.

V. La seconde forme comprend les reconnaissances inventées par le poète ; aussi ne sont-elles pas dépourvues d'art (76). Par exemple, Oreste, dans Iphigénie en Tauride, reconnaît sa sœur, puis est reconnu d'elle (77), car celle,-ci le reconnaît par le moyen de la lettre ; mais Oreste, lui, dit ce que lui fait dire le poète, et non la fable. Il y a donc là un procédé presque aussi défectueux que celui dont on vient de parler, car Oreste pouvait porter quelques objets sur lui. De même encore, dans le Térée de Sophocle, le langage de la toile (78).

VI. La troisième forme, c'est la reconnaissance par souvenir, lorsqu'on se rend compte de la situation à la vue d'un objet. Telle est celle qui a lieu dans les Cypriens, de Dicéogène. A la vue du tableau, le personnage fond en larmes. Telle encore celle qui a lieu dans la demeure d'Alcinoüs d'après des paroles. (Ulysse) entend le citharistre; il se souvient et pleure ; de là, reconnaissance.

VII. La quatrième est celle qui se tire d'un raisonnement, comme dans les Choéphores (79). Quelqu'un qui lui ressemble (à Électre) est venu ; or personne autre qu'Oreste ne lui ressemble ; donc, c'est lui qui est venu. Telle encore celle que présente l'Iphigénie de Polyide, le sophiste (80). Il est naturel que le raisonnement d'Oreste soit que sa sœur a été immolée et que le même sort lui arrive. De même, dans le Tydée de Théodecte, le personnage qui vient comme s'il allait trouver son fils est lui-même mis à mort.

De même encore la reconnaissance qui a lieu dans les Phinéides; à la vue de la place (?), elles tirèrent la conclusion fatale que leur destin était d'y mourir elles-mêmes, car c'est précisément là qu'elles avaient été exposées (81).

VIII. Il y a aussi une certaine reconnaissance amenée par un faux raisonnement des spectateurs, comme, par exemple, dans Ulysse faux messager. Le personnage dit qu'il reconnaîtra (82) l'arc, que pourtant il n'avait pas vu ; et le spectateur, se fondant sur cette reconnaissance à venir, aura fait un faux raisonnement.

IX. Le meilleur mode de reconnaissance est celui qui résulte des faits eux-mêmes, parce que, alors, la surprise a des causes naturelles, comme dans Oedipe roi, de Sophocle, et dans Iphigénie en Tauride, où il est naturel que celle-ci veuille adresser une lettre. Ces sortes de reconnaissance sont les seules qui aient lieu sans le secours de signes fictifs et de colliers; après celles-là viennent celles qui se tirent d'un raisonnement.

CHAPITRE XVII

Il faut se pénétrer du sujet que l'on met en tragédie. Manière de le développer.

I. Il faut constituer les fables et les mettre d'accord avec les discours en se mettant, autant que possible, les faits devant les yeux; car, de cette façon, voyant les choses très clairement, comme si l'on était mêlé à l'action elle-même, on trouvera l'effet convenable et l'on ne laissera pas échapper les contrastes.

II. La preuve en est dans ce que l'on reprochait à Carcinus. Amphiaraüs était remonté du temple sans que le spectateur pût le voir ; et, à la scène, la pièce échoua, par suite du mécontentement que cette faute causa aux spectateurs.

III. Il faut mettre autant de faits qu'on le peut en rapport avec les rôles, car, en vertu de la nature même, les personnages les plus persuasifs sont ceux qui éprouvent les passions qu'ils font paraître. On provoque l'agitation quand on est agité soi-même ; l'indignation, quand on est en proie à une colère véritable. C'est pourquoi l'art du poète appartient à l'esprit doué d'une heureuse aptitude, ou à celui qu'emporte le délire de l'inspiration. Le premier se façonne aisément, le second est prédisposé à se mettre hors de lui.

IV. Que les sujets soient déjà composés, ou qu'on les compose soi-même, il faut les exposer d'une manière générale, puis les disposer en épisodes et les développer de la manière suivante.

V. Voici ce que j'entends par "exposer d'une manière générale". Prenons pour exemple Iphigénie. La jeune fille a été offerte en sacrifice, puis dérobée aux regards des sacrificateurs et transportée dans un autre pays, où la loi ordonnait de sacrifier les étrangers à la déesse. Elle a obtenu ce sacerdoce. Plus tard, il arriva que le frère de la prêtresse vint dans ce pays, et cela parce que le dieu lui avait ordonné par un oracle de s'y rendre, pour une certaine raison prise en dehors du cas général et dans un but étranger à la fable. Donc, venu là et appréhendé au corps, au moment où il allait être sacrifié, il la reconnut, soit comme dans Euripide, soit comme dans Polyide, en disant tout naturellement que ce n'était pas seulement sa sœur, mais lui aussi qui devait être sacrifié ; et de là son salut.

VI. Après cela, il faut, le choix des noms une fois arrêté, disposer les épisodes. Il faut aussi observer comment les épisodes seront appropriés. Tels, dans Oreste, la scène de la démence, qui est cause qu'il est pris, et son salut, conséquence de sa purification.

VII. Dans les pièces dramatiques, les épisodes sont concis, mais l'épopée s'en sert pour se prolonger. Ainsi, le sujet de l'Odyssée est très limité. Un personnage étant absent pendant longues années et placé sous la surveillance de Neptune, se trouvant seul et les hôtes de sa demeure se comportant de telle sorte que sa fortune est dissipée par des prétendants, son fils est livré à leurs embûches et lui-même arrive plein d'indignation. Après en avoir reconnu quelques-uns, il tombe sur eux. Il est sauvé, et ses ennemis sont anéantis. Ce dernier trait est inhérent au sujet du drame, mais les autres sont des épisodes.

CHAPITRE XVIII

Du nœud et du dénouement. Il faut éviter de donner à une tragédie les proportions d'une épopée. - De, sujets traités dans les chants du chœur.

I. Il y a, dans toute tragédie, le nœud et le dénouement. Les faits pris en dehors de la fable, et souvent aussi quelques-uns de ceux qui s'y accomplissent, voilà le nœud; tout le reste constitue le dénouement.

II. J'appelle nœud ce qui a lieu depuis le commencement jusqu'à la fin de la partie de laquelle il résulte que l'on passe du malheur au bonheur, ou du bonheur au malheur (83) ; et dénouement, ce qui part du commencement de ce passage jusqu'à la fin de la pièce. Ainsi, dans le Lyncée de Théodecte, le nœud consiste dans les faits accomplis jusques et y compris l'enlèvement de l'enfant, et le dénouement va depuis l'accusation de mort jusqu'à la fin.

III. Il y a quatre espèces de tragédies, c'est-à-dire un nombre égal aux parties dont une tragédie est composée (84). L'une est complexe et comprend dans son ensemble la péripétie et la reconnaissance ; la seconde est pathétique : telles sont les tragédies où figurent les Ajax et les Ixions ; la troisième est morale, comme dans les Phthiotides et Pélée ; la quatrième espèce est tout unie, par exemple: les Phorcides, Prométhée et les actions qui se passent dans l'Hadès (85).

IV. Il faut s'appliquer surtout à posséder toutes ces ressource., ou sinon, au moins les plus importantes et. la plupart d'entre elles, surtout aujourd'hui que l'on attaque violemment les poètes.

V. En effet, comme il y a eu de bons poètes dans chaque partie, on exige de chacun d'eux qu'il soit supérieur à chacun de ceux qui avaient un mérite particulier.

VI. Il est juste aussi de dire qu'une tragédie est semblable ou différente, sans considérer peut-être la fable mise en œuvre, mais plutôt la ressemblance inhérente au nœud et au dénouement. Or beaucoup de poètes tragiques ourdissent bien le nœud, et mal le dénouement ; mais il faut que l'un et l'autre enlèvent les applaudissements.

VII. On l'a dit souvent, et il faut se le rappeler et ne pas faire de la tragédie une composition épique ; j'appelle ainsi une série de fables nombreuses, comme, par exemple, si l'on prenait pour sujet toute l'Iliade. Dans ce cas (86), l'étendue de l'œuvre fait que les parties reçoivent chacune leur grandeur convenable ; mais, dans les actions dramatiques, il en résulte un effet contraire à l'attente.

VIII. En voici la preuve: ceux qui ont mis en action la ruine de Troie, et cela non pas par parties comme Euripide dans Hécube (87), ou comme Eschyle, tantôt échouent complètement, tantôt luttent sans succès dans les concours. Ainsi, Agathon échoua sur ce seul point ; mais, dans les péripéties et dans les actions simples, il réussit merveilleusement à satisfaire le goût du public. C'est ce qui a lieu (88) lorsque l'homme habile, mais avec perversité, a été trompé comme Sisyphe et que l'homme brave, mais injuste, a été vaincu ; car c'est là un dénouement tragique et qui plaît aux spectateurs. De plus, il est vraisemblable ; et, comme le dit Agathon, "il est vraisemblable que bien des choses arrivent contre toute vraisemblance (89)."

IX. Quant au chœur, il faut établir que c'est un des personnages, une partie intégrante de l'ensemble et le faire concourir à l'action, non pas à la manière d'Euripide, mais comme chez Sophocle.

X. Pour les autres poètes, les parties chantées dans le cours de la pièce n'appartiennent pas plus à la fable qui en est le sujet qu'à toute autre tragédie. Voilà pourquoi on y chante des intermèdes, procédé dont le premier auteur est Agathon ; et pourtant, quelle différence y a-t-il entre chanter des intermèdes et ajuster, dans une tragédie, un morceau ou un épisode tout entier emprunté à quelque autre pièce ?

CHAPITRE XIX

De la pensée et de l'élocution.

I. Nous nous sommes expliqué déjà sur les autres parties, et il ne nous reste plus à parler que de l'élocution et de la pensée.

II. Ce qui concerne la pensée sera placé dans les livres de la Rhétorique (90), car c'est une matière qui appartient plutôt à cet art.

III. A la pensée se rattachent tous les effets qui doivent être mis en œuvre par la parole. On y distingue le fait de démontrer, celui de réfuter et le fait de mettre en œuvre les passions, comme la pitié, la crainte, la colère et leurs analogues et, de plus, la grandeur et la petitesse (91).

IV. Il est évident qu'il faut aussi faire usage des faits, d'après les mêmes vues, lorsqu'il y a nécessité de produire des effets propres à exciter la pitié ou la terreur, des effets imposants ou vraisemblables. La seule différence, c'est que l'on doit faire paraître les uns (92) indépendamment de la mise en scène, et produire les autres (93) dans le discours du personnage qui parle et qu'ils doivent s'accomplir grâce à sa parole ; car à quoi se réduirait l'action du personnage qui parle si les faits devaient plaire par eux-mêmes, et non par l'enchaînement du discours?

CHAPITRE XX

Des éléments grammaticaux de l'élocution.

I. Parmi les choses qui se rapportent à l'élocution. il y en a une catégorie qui rentre dans la théorie actuelle; ce sont les formes d'élocution dont la connaissance appartient et à l'hypocritique et à celui à qui incombe ce genre d'exécution (94). Telle est la question de savoir qu'est-ce que le commandement, la prière, le récit, la menace et leurs analogues.

II. En effet, la connaissance ou l'ignorance de ces moyens ne donne lieu de porter contre la poétique aucun reproche sérieux. Qui supposerait qu'il y a une faute dans ce fait critiqué par Protagoras que le Poète (95), pensant exprimer une prière, fait une injonction lorsqu'il dit : Chante, déesse, la colère... ? Ordonner, allègue-t-il, de faire ou de ne pas faire une chose, c'est une injonction. Laissons donc de côté cette considération comme étant du ressort non de la poétique, mais d'un autre art.

III. Voici les parties de toute élocution : l'élément (96), la syllabe, la conjonction, le nom, le verbe, l'article, le cas, le discours (97).

IV. L'élément est un son indivisible ; non pas un son quelconque, mais un son qui peut devenir naturellement un son intelligible. Car certains sons émis par les bêtes sont indivisibles, et cependant je n'appelle aucun d'eux élément.

V. Les parties du son dont je parle sont la voyelle, la demi-voyelle et l'aphone (ou muette). La voyelle est l'élément qui a un son perceptible à l'oreille, sans adjonction (98), comme, par exemple, A et O ; la demi-voyelle, l'élément qui a un son perceptible à l'oreille, avec adjonction, comme S et R. L'aphone est l'élément accompagné d'adjonction qui n'a par lui-même aucun son, mais qui devient perceptible à l'oreille quand il est accompagné d'éléments qui ont un son : tels, par exemple, le G et le D.

VI. Les éléments diffèrent entre eux par la forme de la bouche, par les lieux (d'émission), par l'aspiration et la non-aspiration, la longueur et la brièveté, enfin par l'acuité, la gravité et leur intermédiaire. C'est dans les traités de métrique qu'il convient de considérer ces divers points en détail.

VII. La syllabe est un son non significatif, composé d'un élément aphone et d'un élément qui a un son. En effet, GR, sans A, n'est pas une syllabe, mais avec un A, en est une, savoir GRA. Il appartient d'ailleurs à la métrique de considérer aussi les différences qui distinguent les syllabes.

VIII. La conjonction est un son non significatif qui n'empêche pas un son d'être significatif, mais qui ne le rend pas tel, composé de plusieurs sons, placé naturellement soit à une extrémité, soit au milieu (d'une phrase), à moins qu'il n'y ait convenance à le placer pour son propre compte au commencement d'une proposition, comme, par exemple, ³toi ou d® ; ou encore un son non significatif de nature à rendre un autre son significatif, composé de plusieurs sons qui, eux, seraient significatifs.

IX. L'article est un son non significatif qui montre ou le début, ou la fin, ou la division d'une proposition ; par exemple, la (locution) je dis (99), le (mot) sur (100), etc (101).

X. Le nom est un son composé, significatif indépendamment du temps, dont aucune partie n'est significative par elle-même ; car dans les noms doubles nous n'employons pas (une des parties) comme ayant une signification en propre: ainsi, dans le mot Yeñdvrow (Théodore), la partie correspondant à dÇron (don) n'a pas de sens.

XI. Le verbe est un son composé significatif, comportant une idée de temps et dont aucune partie n'est significative par elle-même, de même que dans les noms. En effet, le mot homme, le mot blanc ne marquent pas le temps, tandis que les mots marche, a marché, comportent, outre leur sens propre, l'un l'idée du temps présent, l'autre celle du temps passé.

XII. Le cas est ce qui, dans un nom ou dans un verbe, marque tantôt le rapport de possession ou de destination, ou tout autre analogue, tantôt celui d'unité ou de pluralité, par exemple, homme ou hommes : ou le rapport de rôle joué, comme, par exemple, s'il s'agit d'une question ou d'une injonction. En effet, cette expression : a-t-il marché ? ou celle-ci : marche, voilà des cas de verbe qui rentrent dans ces variétés.

XIII. Le discours est un son composé significatif dont quelques parties ont une signification par elles-mêmes ; car toute proposition ne se compose pas de noms et de verbes, comme, par exemple, la définition de l'homme ; mais une proposition peut exister sans qu'il y ait de verbe, et pourtant elle contiendra toujours une partie significative, comme, par exemple, Cléon, dans la proposition : "Cléon marche."

XIV. Le discours est un de deux manières : ou bien il désigne un seul objet, ou bien il en comprend plusieurs par conjonction. Ainsi l'Iliade est un discours un par conjonction, et la définition de l'homme l'est en ce sens qu'elle désigne un seul objet.

CHAPITRE XXI

Des diverses espèces de noms.

I. Les espèces de noms sont

Le nom simple ; or j'appelle "nom simple" celui qui n'est pas composé d'éléments significatifs, comme, par exemple, g° (terre);

II. Le nom double, qui se compose tantôt d'un élément significatif et d'un élément non significatif, tantôt d'éléments tous significatif (102).

III. Le nom pourrait être triple, quadruple, enfin multiple, comme, par exemple, la plupart des mots emphatiques, parmi lesquels Hermocaïcoxanthos (103).

IV. Tout nom est ou bien un mot propre, ou un mot étranger (glose), ou une métaphore, ou un ornement, ou un mot forgé, ou allongé ou raccourci, ou altéré.

V. J'appelle "mot propre" celui qu'emploie chaque peuple (104), "glose" (ou mot étranger) celui qui est en usage chez les autres peuples. On voit qu'un même mot peut être mot propre et glose, mais non pas dans le même pays. Ainsi le mot sÛgunon est un mot propre pour les Cypriens (105) et une glose pour nous.

VI. La métaphore est le transfert d'un nom d'autre nature, ou du genre à l'espèce ou de l'espèce au genre, ou de l'espèce à l'espèce, ou un transfert par analogie.

VII. J'appelle transfert du genre à l'espèce, par exemple : Ce mien navire resta immobile (106). En effet, être à l'ancre, pour un vaisseau, c'est être immobile. De l'espèce au genre (par exemple) : Oui, certes, Ulysse accomplit des milliers de belles actions (107). Des milliers a le sens de un grand nombre, et c'est dans ce sens que cette expression est employée ici. De l'espèce à l'espèce, par exemple : Ayant arraché la vie par l'airain (108) ; Ayant tranché avec le dur airain (109). En effet, dans ces exemples, d'abord dans le sens de "trancher", le poète a dit "arracher", puis dans le sens d' "arracher" il a dit "trancher" ; car l'un et l'autre terme signifient ôter.

VIII. Je dis qu'il y a analogie (ou proportion) lorsque le second nom est au premier comme le quatrième est au troisième ; car on dira le quatrième à la place du second et le second à la place du quatrième ; quelquefois aussi l'on ajoute, à la place de ce dont on parle, ce à quoi cela se rapporte (110). Citons un exemple : La coupe est à Bacchus ce que le bouclier est à Mars. On dira donc et "le bouclier, coupe de Mars", et "la coupe, bouclier de Bacchus (111)". Autre exemple : Ce que le soir est au jour, la vieillesse l'est à la vie. On dira donc : "le soir, vieillesse du jour," et "la vieillesse, soir de la vie ;"ou, comme Empédocle "couchant de la vie."

IX. Pour quelques noms, il n'existe pas d'analogue établi ; néanmoins on parlera par analogie. Ainsi, laisser tomber le grain (112), c'est le semer ; mais; pour dire laisser tomber la lumière du soleil, il n'y a pas de terme (propre). Or cette idée, par rapport au soleil, c'est comme le mot semer par rapport an grain ; on a donc pu dire : Semant sa lumière divine (113). On peut employer ce mode de métaphore et, d'une autre façon aussi, en appliquant une dénomination étrangère (à l'objet dénommé), lui dénier quelqu'une de ses dualités propres ; comme, par exemple, si l'on disait du bouclier non pas la coupe de Mars, mais la coupe sans vin (114) .....

X. Le nom forgé, est celui que le poète place sans qu'il ait été employé par d'autres. Quelques mots semblent avoir ce caractère ; ainsi les cornes, appelées ¤rnætai, le prêtre, appelé Žrht®r.

XI. Le nom est allongé, raccourci, d'une part lorsqu'on emploie une voyelle plus longue que celle du mot usuel, ou qu'une syllabe est intercalée ; d'autre part, si on lui retranche quelque partie. Exemple de nom allongé pñleow devenu pñlhow ; PhleÛdou devenu Pelhi‹dev ; - de nom raccourci : krÛ (115), dÇ (116), et dans ce vers : Toutes deux ont une seule et même figure (117).

XII. Le nom est altéré lorsqu'une partie du mot énoncé est rejetée et une autre faite (arbitrairement). Exemple : A la mamelle droite, dejiterñn au lieu de dejiñn

XIII. Les noms eux-mêmes (118) sont les uns masculins, d'autres féminins, d'autres entre les deux (119). Sont masculins tous ceux qui se terminent par un N, un P (R), un S (S) et par les lettres qui se composent de cette dernière. Celles-ci sont au nombre de deux, le C (PS) et le J (KS). Sont féminins tous ceux qui se terminent, en fait de voyelles, par celles qui sont toujours longues, telles que H (È) et V (Ô), et par celles qui peuvent s'allonger, telles que A ; de sorte qu'il arrive que sont égales en nombre les lettres par lesquelles se terminent les noms masculins et les noms féminins ; car le C et le E ne font qu'un (avec S) (120). Aucun nom ne se termine sur une lettre aphone (muette), ni sur une voyelle brève (121). Trois seulement se terminent sur un I : melÛ, (miel), kñmmi (gomme), pi̯peri (poivre) (122). Cinq noms se terminent sur Y (123). Les noms intermédiaires (sc. neutres) se terminent sur ces voyelles (A, I, et Y), sur N et sur B.

CHAPITRE XXII

De l'emploi de la glose, de la métaphore de l'ornement, etc.

I. La qualité principale de l'élocution, c'est d'être claire sans être plate.

II. L'élocution la plus claire est celle qui consiste en termes propres, mais qui est terre à terre. La poésie de Cléophon et de Sthénélus en est un exemple.

III. Elle est élevée et s'écarte du style vulgaire lorsqu'elle fait usage de termes étrangers (124) ; or j'appelle "termes étrangers" la glose, la métaphore, l'allongement et tout ce qui est à côté du terme propre.

IV. Maintenant, si l'on employait de telles expressions indistinctement, il y aurait énigme ou barbarisme ; énigme, si elles étaient empruntées à des métaphores, barbarisme, si elles l'étaient à des gloses.

V. En effet, une forme de l'énigme, c'est de relier entre elles des choses qui ne peuvent l'être pour énoncer des faits qui existent ; or il n'est pas possible de faire cela par l'alliance des noms, mais il est permis de le faire par métaphore. Exemple : "J'ai vu un homme qui, au moyen du feu, avait appliqué l'airain sur la peau d'un autre homme (125) ; "et autres expressions analogues. Des gloses peut résulter un barbarisme. Il faut donc les employer dans certaines conditions spéciales (126).

VI. En effet, la glose, la métaphore, l'ornement et les autres formes précitées ôteront au style la vulgarité et la bassesse ; le terme propre lui donnera de la clarté.

VII. Une chose qui contribuera grandement à la clarté et à l'élévation du style, ce sont les allongements, les apocopes (coupures) et les altérations (des noms) ; car (un mot), présenté comme forme insolite, perdra de sa vulgarité en devenant autre que le terme propre, tandis que 1a clarté d'un terme aura pour cause sa participation à la propriété d'expression.

VIII. Aussi c'est faire un reproche mal fondé que de critiquer un tel mode de langage et de tourner en ridicule le poète qui l'emploie ; comme Euclide l'Ancien. qui prétendait qu'il était facile de faire de la poésie, du moment que l'on accordait aux poètes la faculté d'allonger (les noms) autant qu'ils le veulent et qui les raillait en citant ce vers : Je vis Épicharès marcher sur Marathon... (127) et cet autre : Lui qui n'aurait pas aimé son ellébore... (128).

IX. Il serait ridicule d'employer ce procédé d'une façon quelconque, et la mesure doit être gardée dans toutes les parties ; en effet, se servir des métaphores, des gloses et des autres formes sans observer la convenance, ou s'appliquer à faire rire, ce serait aboutir au même résultat.

X. Pour voir jusqu'à quel point la convenance est observée, il faut considérer la question dans les vers en faisant entrer les noms dans un mètre. Pour la glose, pour la métaphore et pour les autres formes, en y substituant le terme propre, on pourrait reconnaître que nous disons la vérité. Ainsi Euripide et Eschyle mettant le même vers ïambique, l'un, en changeant un seul nom et faisant une glose à la place du terme propre employé habituellement, donne à ses vers une belle apparence, tandis que l'autre est tout simple ; car Eschyle, dans son Philoctète, voulant dire : L'ulcère qui mange (ȷsyÛei) les chairs de mon pied, au verbe (ȷsyÛei) a substitué le mot yoin☐ tai (se repaît). Et encore : Mais maintenant lui qui est exigu, et sans valeur aucune et sans vigueur, il m'a... Si l'on voulait substituer les termes propres, on dirait : Mais maintenant lui qui est petit, débile et laid, il m'a .... (129) ou (au lieu de) : Après avoir déposé à terre un misérable siège, (130) et une modeste table, Après avoir déposé à terre un mauvais siège (131) et une petite table ; ou cette expression : Le rivage mugit (132), au lieu de celle-ci : Le rivage crie (133).

XI. Ariphrade, en outre, raillait les auteurs tragiques de ce qu'ils emploient telles façons de parler que personne ne ferait entrer dans la conversation, comme par exemple, dvm‹tvn ☐ po, et non pas Žpò dvm‹tvn (134) ou les formes sȷyen (135), ¤gÆ d¢ nin (136) ƒAxillȷvw pȷri et non pas perÜ ƒAxillȷvw (137), ou d'autres formes analogues. Comme elles ne rentrent pas dans les termes propres, elles ôtent au style sa vulgarité, et c'est ce que cet Ariphrade ne voyait pas.

XII. Il n'est certes pas indifférent de faire un emploi convenable de chacune des formes précitées, noms doubles et noms étrangers ou gloses : mais le plus important, c'est d'avoir un langage métaphorique ; car c'est le seul mérite qu'on ne puisse emprunter à un autre et qui dénote un esprit naturellement bien doué ; vu que, bien placer une métaphore, c'est avoir égard aux rapports de ressemblance.

XIII. Parmi les noms, ceux qui sont doubles conviennent surtout aux dithyrambes, les mots étrangers à la poésie héroïque et les métaphores aux ïambes (138). Dans la poésie héroïque, tous les moyens expliqués plus haut sont applicables. Dans les ïambes, comme on y cherche surtout à imiter le langage ordinaire, les noms les plus convenables sont ceux dont on fait usage dans le discours parlé, c'est-à-dire le terme propre, la métaphore et l'ornement.

CHAPITRE XXIII

De la composition épique.

I. Voilà qui suffit sur la tragédie et sur l'imitation en action. Quant à la poésie narrative et traitée en hexamètres, il faut évidemment constituer des fables dramatiques comme dans la tragédie, et les faire rouler sur une action unique, entière et complète, ayant un commencement, un milieu et une fin, pour que, semblable à un animal unique et entier, elle cause un plaisir qui lui soit propre. Il faut éviter que les compositions ressemblent à des histoires, genre dans lequel on ne doit pas faire l'exposé d'une seule action, mais d'une seule période chronologique (dans laquelle sont racontés) tous les événements qui concernent un homme ou plusieurs et dont chacun en particulier a, selon les hasards de la fortune, un rapport avec tous les autres.

II. En effet, de même que, dans le temps on fut livrée la bataille navale de Salamine, avait lieu celle des Carthaginois en Sicile, ces deux batailles n'avaient pas le même objet, de même, dans la succession des temps, tel événement prend place après tel autre sans qu'ils aient une fin commune.

III. C'est ce que font la presque généralité des poètes ; aussi, cous l'avons déjà dit (139), Homère parait, à cet égard, un poète divin, incomparable, n'entreprenant pas de mettre en poésie toute la guerre (de Troie), bien qu'elle ait eu un commencement et une fin ; car elle devait être trop étendue et difficile à saisir dans son ensemble et, tout en lui donnant une étendue médiocre, il en faisait une guerre trop chargée d'incidents variés. Au lieu de cela, il en détache une partie et recourt à plusieurs épisodes, tels que le catalogue des vaisseaux et d'autres, sur lesquels il étale sa poésie.

IV. Les autres font rouler leur poème sur un seul héros, dans les limites d'une époque unique; mais l'action unique qui en fait le fond se divise en parties nombreuses. Tels les poètes qui ont composé l'Épopée de Chypre et la petite Iliade. Aussi l'Iliade, l'Odyssée, servent chacune de texte à une ou deux tragédies, l'Épopée de Chypre à un grand nombre, la petite Iliade à huit, et même plus : le Jugement des armes, Philoctète, Néoptolème, Eurypyle, le Mendiant, les Lacédémoniens et la prise de Troie, le Départ de la flotte, Sinon et les Troyennes.

CHAPITRE XXIV

Comparaison de l'épopée avec la tragédie. - Nombreux mérites d'Homère.

I. Il y a nécessairement autant d'espèces d'épopée que de tragédie ; car elle est nécessairement simple, complexe, morale ou pathétique. Elle a autant de parties, à part la mélopée et la mise en scène, car elle demande des péripéties, des reconnaissances (des mœurs) (140) et des événements pathétiques ; elle exige aussi la beauté des pensées et du beau style. Tous ces éléments, Isomère les a mis en usage et pour la première fois, et dans les conditions convenables.

II. En effet, chacun de ces deux poèmes constitue, l'Iliade une œuvre simple et pathétique, l'Odyssée une œuvre complexe - les reconnaissances s'y rencontrent partout, - et morale. De plus, par le style et par la pensée, il a surpassé tous les poètes.

III. Ce qui fait différer l'épopée (de la tragédie), c'est l'étendue de la composition et le mètre. La limite convenable de son étendue, nous l'avons indiquée : il faut que l'on puisse embrasser dans son ensemble le commencement et la fin ; et c'est ce qui pourrait avoir lieu si les compositions étaient moins considérables que les anciennes et en rapport avec le nombre des tragédies données dans une représentation.

IV. L'épopée a, pour développer son étendue, des ressources variées qui lui sont propres, attendu que, dans la tragédie, l'on ne peut représenter plusieurs actions dans le même moment, mais une seule partie à la fois est figurée sur la scène et par les acteurs; tandis que dans l'épopée, comme c'est un récit, on peut traiter en même temps plusieurs événements au moment où ils s'accomplissent. Quand ils sont bien dans le sujet, ils ajoutent de l'ampleur au poème; ils contribuent ainsi à lui donner de la magnificence, à transporter l'auditeur d'un lieu dans un autre et à jeter de la variété dans les épisodes; car l'uniformité, qui a bientôt engendré le dégoût, fait tomber les tragédies.

V. Le mètre héroïque est celui dont l'expérience a fait reconnaître la convenance pour l'épopée Si l'on composait un poème narratif en un ou plusieurs mètres autres que celui-là, on verrait comme ce serait déplacé.

VI. C'est que l'héroïque est le plus posé des mètres et celui qui a le plus d'ampleur: aussi se prête-t-il le mieux aux noms étrangers et aux métaphores, car la poésie narrative est la plus riche de toutes. Quant au vers ïambique et au tétramètre, ils ont la propriété d'agiter ; l'un convient à la danse, l'autre à l'action dramatique.

VII. Une chose encore plus déplacée, ce serait de mélanger ces mètres, à la façon de Chérémon. Aussi l'on n'a jamais fait un poème de longue haleine dans un mètre autre que l'héroïque. D'ailleurs, comme nous l'avons dit, la nature elle-même enseigne à discerner ce qui lui convient.

VIII. Homère mérite des louanges à bien d'autres titres, mais surtout en ce que, seul de tous les poètes, il n'ignore point ce que le poète doit faire par lui-même. Le poète doit parler le moins possible en personne ; car, lorsqu'il le fait, il n'est pas imitateur.

IX. Les autres poètes se mettent en scène d'un bout à l'autre de leur œuvre ; ils imitent peu et rarement ; mais lui, après un court prélude, introduit bientôt un personnage, homme ou femme, ou quelque autre élément moral, et jamais personne sans caractère moral, mais toujours un personnage pourvu de ce caractère.

X. Il faut, dans les tragédies, produire la surprise, mais dans l'épopée il peut y avoir, plutôt qu'ailleurs, des choses que la raison réprouve (c'est ce qui contribue le plus à la surprise), parce que l'action ne se passe pas sous les yeux. Ainsi les détails de la poursuite d'Hector seraient ridicules à la scène, où l'on verrait d'une part les Grecs s'arrêtant court et cessant de le poursuivre et de l'autre (Achille) leur faisant signe (de s'arrêter) ; mais, dans l'épopée, cet effet n'est pas sensible et la surprise cause du plaisir ; la preuve, c'est qu'en racontant on ajoute toujours, vu que c'est un moyen de plaire.

XI. Homère a aussi parfaitement enseigné aux autres poètes à dire, comme il faut, les choses fausses ; or le moyen, c'est le paralogisme. Les hommes croient, étant donné tel fait qui existe, tel autre existant, ou qui est arrivé, tel autre arrivant, que si le fait postérieur existe, le fait antérieur existe ou est arrivé aussi ; or cela est faux. C'est pourquoi, si le premier fait est faux, on ajoute nécessairement autre chose qui existe ou soit arrivé, ce premier fait existant ; car, par ce motif qu'elle sait être vraie cette autre chose existante, notre âme fait ce paralogisme que la première existe aussi. La scène du bain (141) en est un exemple.

XII. Il faut adopter les impossibilités vraisemblables, plutôt que les choses possibles qui seraient improbables, et ne pas constituer des fables composées de parties que la raison réprouve, et en somme n'admettre rien de déraisonnable, ou alors, que ce soit en dehors du tissu fabuleux. Ainsi Oedipe ne sait pas comment Laïus a péri ; mais la mort de Laïus n'est pas comprise dans le drame ; ainsi, dans Électre, ceux qui racontent les jeux pythiques (142) ou, dans les Mysiens, le personnage muet qui vient de Tégée en Mysie (143),

XIII. En conséquence, dire que la fable serait détruite (144) serait ridicule ; car il ne faut pas, en principe, constituer des fables sur une telle donnée ; mais, si on l'établit ainsi et qu'elle ait une apparence assez raisonnable, on peut y admettre même l'absurde, puisque le passage déraisonnable de l'Odyssée, relatif à l'exposition (145), serait évidemment intolérable si un mauvais poëe l'avait traité ; mais Homère a beaucoup d'autres qualités pour dissimuler, en l'adoucissant, l'absurdité de cette situation.

XIV. Il faut travailler le style dans les parties inertes, mais non pas dans celles qui se distinguent au point de vue des mœurs ou de la pensée; et par contre, un style trop brillant fait pâlir l'effet des mœurs et des pensées.

CHAPITRE XXV

Objections faites au style poétique. - Solutions.

I. Sur la question des objections et de leurs solutions, du nombre et de la nature de leurs formes, on verra clairement ce qu'il en est par les considérations qui vont suivre.

II. Comme le poète est un imitateur, aussi bien que le serait un peintre ou n'importe quel autre artiste de cet ordre, il s'ensuit nécessairement qu'il imite les choses sous quelqu'une de ces trois formes, ou telles qu'elles existaient ou existent, ou telles qu'on dit ou qu'on croit qu'elles sont, ou enfin telles qu'elles devraient être.

III. Ces choses sont énoncées au moyen de l'expression propre, ou bien par des gloses et par des métaphores. L'élocution (poétique) est susceptible de nombreux changements; car c'est une faculté que nous accordons aux poètes. De plus, la correction n'est pas de la même nature pour la poétique et pour la politique, ni même pour n'importe quel autre art et pour la poétique.

IV. La poétique, elle, est sujette à deux genres de fautes; les unes qui lui sont propres, les autres accidentelles. En effet, si elle se proposait d'imiter dans des conditions impossibles, la faute en reviendrait à elle-même, tandis que, si le dessin était correct, mais qu'elle représentât un cheval jetant en avant ses deux jambes de droite, ou commit quelque faute contre un art particulier, par exemple, contre la médecine ou tout autre art, les impossibilités qu'elle imaginerait ne seraient pas imputables à la poétique elle-même.

V. En conséquence, c'est d'après ces observations qu'il faudra résoudre (réfuter) les critiques introduites dans les controverses. (A) (146) Il y a d'abord celles qui se rapportent à l'art lui-même. Des impossibilités ont été imaginées, c'est une faute; mais c'est correct, si le but de l'art est atteint.

VI. Et en effet, l'on a dit (147) que ce but (était atteint) si, de cette façon, l'on rendait plus saisissante la partie en question ou quelque autre partie ; exemple, la poursuite d'Hector.

VII. Si pourtant le but pouvait être atteint plus ou moins, et qu'il y eût une faute contre l'art dans lequel rentre la chose en question, ce ne serait pas bon; car il faut, si c'est possible, ne commettre absolument aucune faute sur aucun point.

VIII. B. De plus, sur lequel des deux points porte la faute ? sur quelque détail inhérent à l'art, ou bien sur quelque autre fait accidentel ? Car elle est moins grave si le poète a ignoré que la femelle du cerf n'a pas de cornes (148) que s'il ne l'a pas représentée suivant les principes de l'imitation.

IX. C. Outre cela, si l'on reproche le manque de vérité, on répondra qu'on a voulu rendre les objets tels qu'ils devraient être. C'est ainsi que Sophocle disait que lui-même représentait les hommes tels qu'ils doivent être, et Euripide tels qu'ils sont. Voilà comment il faut réfuter cette critique.

X. D. Si l'on dit qu'ils ne sont représentés d'aucune des deux façons, c'est ainsi (dira-t-on) que les voit l'opinion commune; par exemple, ce qui se dit sur les dieux. Car il ne serait peut-être pas mieux parler de telle façon, ni possible de dire la vérité, mais on en parle un peu au hasard, comme dit Xénophane.

XI. E. Ce n'est pas l'opinion commune (149), et ce n'est peut-être pas le mieux, mais c'est la réalité. Exemple, ce vers sur les armes : Leurs lances étaient plantées droit sur le bout (150). En effet, c'était l'usage alors, comme font encore aujourd'hui les Illyriens.

XII. F. Quant à la question de savoir (si) la parole ou l'action d'un personnage est convenable ou non, il ne faut pas l'examiner en n'ayant égard qu'à cette parole ou à cette action prise en elle-même pour voir si elle est bonne ou mauvaise, mais en considérant aussi quel est celui qui agit ou parle, à qui il a affaire, dans quel moment, en faveur de qui, dans quel but, comme, par exemple, en vue d'un plus grand bien, afin qu'il se produise, ou à cause d'un plus grand mal, afin de l'éviter.

XIII. G. Les critiques qui ont trait au style, il faut les détruire, par exemple en alléguant l'emploi d'une glose ou nom étranger : Les mulets d'abord (151) ; car, peut-être, ne veut-il pas entendre ici les mulets, mais les gardes. Et à propos de Dolon : Qui, certes, était mal conformé (152) cela ne signifie pas difforme de corps, mais laid de figure, car, chez les Crétois, on dit eéeideÛw (de belle forme) pour exprimer la beauté du visage. Et dans ce vers : Mélange (du vin) " zvrñteron (153)" zvrñteron (154)" ne signifie pas "du vin non trempé d'eau" comme pour les ivrognes, mais "plus promptement".

XIV. H. Tel terme a été employé par métaphore, comme dans ces vers : Tous les autres, - dieux et hommes dormaient la nuit entière ... (154) Puis il dit en même temps : lorsqu'il regardait du côté de la plaine de Troie . . . (155) . . . le son des flûtes et des syrinx (156). Le mot pántew a été pris par métaphore, à la place de polloÛ (beaucoup) ; car le mot tout, ici, veut dire en grand nombre. Ceci encore : Mais celle qui est la seule à être privée... (157) est dit par métaphore ; car, ce qui est le plus connu, c'est ce qui est seul.

XV. I. (On peut encore réfuter la critique en alléguant) l'accentuation, comme Hippias de Thasos la réfutait à propos de l'expression : dÛdomen d¢ oß... nous lui donnons (158) et de cette autre : ce qui d'une part n'est pas pourri par la pluie (159).

XVI. K. D'autres fois on alléguera la ponctuation, comme dans ce vers d'Empédocle : Et dès lors naquirent mortels les êtres qui, auparavant, avaient appris à être immortels ; et purs, auparavant, ils avaient été mélangés (160).

XVII. L. Ou bien l'amphibologie : La plus grande moitié de la nuit est passée . . . car pl¡vn est équivoque (161).

XVIII. M. Ou encore les expressions consacrées par l'usage. C'est ainsi que de tout breuvage mélangé on dit "du vin", et que l'on écrira : une cnémide d'étain nouvellement ouvré, ou que l'on appellera xalkeÝw (ouvriers en airain) ceux qui travaillent le fer. C'est ainsi que l'on a dit de Ganymède : oÞnoxeæei (il verse du vin) à Jupiter, bien que (les dieux ne boivent pas de vin (162). Toutes ces locutions rentrent dans la métaphore.

XIX-XX. Il faut aussi, lorsqu'un nom semble indiquer quelque contradiction, observer de combien de manières il peut être entendu dans le passage en question ; par exemple, dans celui-ci : La lance d'airain s'attacha ʋ» (sur celle-ci) (163). De combien de manières (164) la lance fut-elle arrêtée par celle-ci ? Est-ce de cette manière-ci qu'on devra le mieux l'entendre, à savoir : "contre cette lame" (sans y pénétrer) ? Il y a encore le cas examiné par Glaucon : certains ont un préjugé non fondé : en raison; raisonnant et décidant d'après cela et après avoir parlé d'après leur opinion personnelle, ils critiquent la chose qui est en contradiction avec leur pensée.

XXI. C'est ce qui est arrivé à propos d'Icare. On pense qu'il était Lacédémonien. On trouve étrange, par suite, que Télémaque, arrivé à Lacédémone, ne se soit pas rencontré avec lui ; or la chose s'est peut-être passée comme les Céphalléniens le racontent. Ils prétendent qu'Ulysse épousa une femme de chez eux et qu'il s'agit d'Icade (165), et non pas d'Icare. Il est donc probable que cette controverse est causée par une erreur.

XXII. En somme, il faut ramener l'impossible à la conception poétique, ou au mieux (166), ou à l'opinion ; car, pour la poésie, l'impossible probable doit être préféré à l'improbable, même possible. Pour le mieux, il faut que les personnages soient représentés non seulement tels qu'ils sont, comme dans les peintures de Zeuxis, mais aussi le mieux possible, car l'œuvre doit surpasser le modèle. (Pour l'opinion), s'il s'agit de choses déraisonnables, la composition peut avoir ce caractère et, par quelque côté, n'être pas déraisonnable; car il est vraisemblable que certaines choses arrivent contrairement à la vraisemblance (167). Pour les choses contradictoires par rapport à ce qui a été dit, il faut examiner, comme lorsqu'il s'agit des réfutations oratoires, si une même chose a été mise en rapport avec la même chose et de la même façon, si le poète a parlé lui-même, et voir dans quelle intention il s'est exprimé ainsi et quelle idée un homme de sens se ferait de son langage.

XXIII. Portant sur une inconséquence ou sur une méchanceté, la critique sera fondée si c'est sans aucune nécessité que l'on emploie soit l'inconséquence, comme Euripide dans Égée (168), ou la méchanceté, comme celle de Ménélas dans Oreste.

XXIV. Ainsi donc les critiques se tirent de cinq espaces (d'idées), présentées soit comme impossibles, comme inconséquentes, comme nuisibles, comme contradictoires, ou enfin comme contraires aux règles de l'art. Quant aux solutions (ou réponses), il faut les examiner d'après les explications qui précèdent ; or elles sont au nombre de douze.

LA POÉTIQUE

CHAPITRE XXVI

La composition épique est-elle supérieure à la composition tragique? Conclusion dons le sens de la négative.

I. L'imitation épique est-elle supérieure à l'imitation tragique ? On peut se le demander.

II. En effet, si c'est la moins vulgaire qui a l'avantage, et que soit toujours dans ce cas celle qui s'adresse à des spectateurs d'une valeur supérieure, il est bien évident (169) que celle qui s'exerce sur toutes choses indifféremment est une imitation vulgaire ; car facteur, voyant que les spectateurs restent insensibles si lui-même ne renchérit pas, se donne beaucoup de mouvement. C'est ainsi que de mauvais aulètes (joueurs de flûte) tournent sur eux-mêmes lorsqu'il s'agit d'imiter un disque, et qu'ils entraînent le coryphée (170) quand ils exécutent, au son de la flûte, la scène de Scylla (171).

III. La tragédie est donc dans les conditions où les anciens (acteurs) disaient être ceux qui les ont suivis. Ainsi Mynniscos, voyant Callipide jouer avec exagération, l'appelait singe, et telle était aussi la réputation de Pindaros. Or, ce que ces acteurs étaient aux yeux de leurs critiques, l'art tout entier (de la tragédie) l'est pour l'épopée.

IV. On prétend que celle-ci s'adresse à des gens de sens rassis, parce qu'ils n'ont pas besoin de voir des gestes, tandis que la tragédie s'adresse à des spectateurs d'un goût inférieur. Par conséquent, si elle est vulgaire, il est évident qu'elle pourrait bien être inférieure.

V. D'abord l'accusation n'atteint pas la poétique, mais plutôt l'hypocritique (172), puisque c'est dans les gestes que l'on peut mettre de l'exagération en déclamant, ce que faisait Sosistrate, et en chantant, ce qui caractérisait le chant de Mnasithée d'Opunte.

VI. Ensuite, il ne faut pas désapprouver toute sorte de mouvement, puisque ce n'est pas la danse, mais la danse mal exécutée (qui prête à la critique), comme celle qu'on reprochait à Callipide, et qu'on reproche aujourd'hui à d'autres de ce qu'ils imitent des femmes de bas étage.

VII. De plus, la tragédie, même sans mouvement, remplit sa fonction propre de même que l'épopée; car, rien qu'à la lecture, on peut bien voir quelle en est la qualité. Par conséquent, si elle l'emporte sur les autres points, il n'est certes pas nécessaire qu'elle possède cet accessoire (173).

VIII. Ajoutons qu'elle a toutes les ressources qui appartiennent à l'épopée (puisqu'elle dispose du mètre), et en outre, ce qui n'est pas de mince importance, la musique et le spectacle, au moyen duquel les jouissances sont aussi vives que possible. Elle trouve encore une puissante ressource dans la reconnaissance et dans les actions (qu'elle, déroule).

IX. (Elle est supérieure) aussi en ce que le but de l'imitation y est atteint dans une étendue moins considérable (que pour l'épopée); car ce qui est plus resserré donne plus de plaisir que ce que l'on répand sur une longue période de temps. J'entends par là si, par exemple, on composait l'Oedipe de Sophocle en autant de vers qu'il y en a dans l'Iliade.

X. De plus, l'imitation des poètes épiques est moins une, et la preuve, c'est que de n'importe quelle imitation épique on tire plusieurs tragédies ; c'est au point que, si l'on ne traite qu'une seule fable (dans l'épopée), ou bien elle est exposée brièvement, et alors l'œuvre parait écourtée, ou bien on s'accommode à la longueur que comporte ce mètre, et elle parait délayée. Je citerai comme exemple ... Maintenant, si (l'épopée) se compose de plusieurs fables, comme l'Iliade, elle renferme un grand nombre de parties, ainsi que l'Odyssée, qui ont chacune leur étendue propre ; et cependant la constitution de ces poèmes est aussi parfaite que possible, et ils sont l'imitation d'une action unique.

XI. Si, par conséquent (la tragédie) l'emporte par tous ces avantages et, en outre, par la fonction propre de cet art (car les tragédies ne procurent pas un plaisir quelconque, mais bien celui que nous avons dit), il est évident qu'elle, pourrait bien, atteignant mieux coin but. être meilleure que l'épopée.

XII. Voilà donc tout ce que nous avons à dire sur la tragédie et sur l'épopée, sur leurs variétés et leurs parties. sur le nombre et la nature de leurs différences, sur ce qui les rend bonnes ou mauvaises. sur les critiques auxquelles elles prêtent et les réponses qu'on peut y faire.

CPSIA information can be obtained at www.ICGtesting.com
Printed in the USA
LVOW06s1223120715

445931LV00032B/1166/P